Le voyage de la famille Courte trompe

Sunshine Orange Studio
Illustré par Zhou Daling
Traduit par Agnès Belotel-Grenié

RC

Books Beyond Boundaries

ROYAL COLLINS

Salut ! Je m'appelle Nuage, le plus jeune des éléphants à courte trompe. Je viens de la magnifique préfecture de Sipsongpanna dans la province du Yunnan. C'est une réserve naturelle nationale en Chine.

Dans ma province natale, il y a des fleurs toute l'année. Il y a des forêts tropicales, et la rivière Lancang traverse la province. De nombreux troupeaux d'éléphants d'Asie comme le nôtre y vivent, les Grands Lubaos, les Grandes et Petites Oreilles... Nous sommes de bons voisins.

Pourquoi notre famille s'appelle-t-elle les Courtes trompes ? L'un de nos membres n'a pas de trompe, d'où notre nom. Nous sommes une grande famille avec une douzaine de membres.

Notre vie dans
la réserve naturelle
était agréable et paisible.
Notre nombre est passé
de 170 à 300 au cours des
40 dernières années. Nos amis
humains ont également construit
des centres de sauvetage et de
reproduction des éléphants d'Asie
pour mieux nous protéger.

7

Mais un jour, notre matriarche tint une réunion de famille et prit une décision inhabituelle : nous allions faire un voyage dans le monde en dehors des forêts tropicales.

9

Alors, nous nous mîmes immédiatement en route. Toute la famille partit vers le nord.

Au fait, j'étais encore dans le ventre de ma mère à ce moment-là.

La famille atteignit le comté de Ning'er dans la ville de Pu'er, et c'est là que je suis né ! J'avais déjà vécu dans le ventre de ma mère pendant 22 mois. Quand je suis venu au monde, j'étais un joli bébé de 100 kg. C'était l'hiver, mais il ne faisait pas du tout froid à Sipsongpanna. C'était agréable et chaud.

« Un petit secret nous concernant :

Il n'est pas facile pour un éléphanteau de venir au monde. Parmi tous les mammifères, ce sont les éléphants qui ont le plus long temps de gestation. Une mère éléphant porte son bébé pendant 20 à 22 mois. Puis, elle allaite le nouveau-né entre 3 et 4 ans jusqu'à la naissance de son bébé suivant.

Les éléphants d'Asie ont un taux de natalité relativement faible. Les mères mettent bas tous les 6 à 8 ans, le plus souvent à la fin de l'automne ou au début de l'hiver. Les mères éléphantes ne peuvent avoir qu'un seul bébé à la fois. »

Peu après ma naissance, je pouvais déjà me tenir debout tout seul, même si ce n'était pas parfait, et je pouvais voyager avec ma mère. J'étais très excité par notre voyage. Je me demandais quelle était notre destination.

« Un autre petit secret à notre propos :

Les éléphants nouveau-nés pèsent entre 80 et 120 kg. Ils ont à peu près la même taille que les veaux. Leur trompe et leurs défenses ne sont pas très longues. Leur peau est brune et ils n'ont pas de poils. Quelques minutes après leur naissance, grâce à l'aide de leur mère, ils peuvent se tenir debout. Au bout de quelques heures, ils sont capables de marcher et de se déplacer avec le troupeau. »

À partir de mars 2020, nous nous sommes dirigés vers le nord. Nous avons marché pendant des milliers de kilomètres, et notre voyage a couvert la moitié de la province du Yunnan. Comme nos pieds sont très grands, nous avons souvent écrasé des fleurs et de l'herbe pendant notre déplacement. Je n'étais pas très à l'aise quant à ce sujet, mais ma mère m'a dit de ne pas m'inquiéter. Nous aidions les plantes à se régénérer plus rapidement et les petits animaux à passer plus facilement. Être utile, c'est génial !

Tout au long de notre périple, nos voisins humains nous accueillaient chaleureusement. J'ai mangé des plantains, de l'herbe à tigre, des épis de maïs... et quelque chose qui avait un goût vraiment bizarre. Maman m'a dit que c'était des ananas.

Je détestais les ananas !

Une fois, mon grand frère a utilisé sa trompe pour ouvrir le robinet, et de l'eau claire en est sortie comme un ruisseau. C'était donc ce que les humains appelaient de l'eau courante ! Il n'y avait pas du tout de limon dedans. Elle était si savoureuse ! Nous l'aimions tous.

19

On mangeait beaucoup, et on déféquait beaucoup. Je trouvais amusant que certains scientifiques s'y intéressent. Ma mère m'a dit que nos excréments transportaient de nombreuses graines de plantes vers des endroits éloignés où elles pouvaient pousser. En fait, nos fèces en disent long sur notre corps. C'est incroyable !

Plusieurs fois, nous sommes entrés dans des fermes par accident. Mais les gens ne nous ont pas chassés. Ils se sont contentés de nous observer tranquillement de loin.

Au fur et à mesure, nous sommes devenus de plus en plus familiers avec nos voisins humains. C'est une amitié très spéciale.

Les moniteurs ont suivi nos mouvements tout au long du trajet. Ils ont même utilisé des drones et des équipements de vision nocturne à infrarouge pour enregistrer notre voyage et guider notre chemin.

Lorsqu'il faisait chaud, ma famille et moi allions jouer dans les flaques de boue et nous en tartiner le corps. Maman disait que cela pouvait nous protéger des coups de soleil, nous garder hydratés et aider à éliminer les bactéries et les parasites présents sur notre peau.

C'est l'heure de la douche. Ma mère a aspiré un coffre plein d'eau et m'a aspergé. J'ai été rapidement nettoyé. Une douche fraîche est si rafraîchissante.

Nous avons le nez le plus long de tous les animaux.
Nous pouvons l'utiliser pour soulever des objets très
lourds, pour ramasser une cacahuète ou pour
nous frotter les yeux. Parfois, nous nous cognons l'un contre
l'autre. Non, nous ne nous battons pas. Nous apprenons
simplement à mieux utiliser notre trompe, car elle est très
importante pour nous.

Une ou deux fois, je suis tombé dans un fossé. J'avais tellement peur. Mais, ma mère m'a toujours aidé avec son tronc solide. J'ai eu de la chance !

Nous avons mangé et joué. Quand on était fatigué, on s'allongeait et on dormait. Ma mère pouvait dormir debout, mais je devais m'allonger.

(Parfois, tout le monde s'allongeait pour se reposer.) Comme j'étais le plus jeune, les adultes me faisaient dormir au milieu. Je me sentais très en sécurité avec ma famille autour de moi.

Fait intéressant, j'ai entendu dire que beaucoup de nos amis humains aiment la façon dont nous dormons ensemble. C'est le cas pour vous aussi ?

Mon grand frère Tigre est un jeune éléphant très fougueux.
Il a toujours ses propres idées. Un jour, il a soudainement
décidé de nous quitter et de passer du temps tout seul. Il
me manque énormément. J'espère qu'il reviendra bientôt.

Tigre prend beaucoup de plaisir à jouer dans les terres agricoles et dans les montagnes.

Mais parfois, il devenait trop espiègle, et les scientifiques ont commencé à s'inquiéter pour sa sécurité. Ils ont donc utilisé la magie pour l'endormir. Quand il s'est réveillé, il était déjà de retour chez lui.

J'ai continué le voyage avec le reste de la famille. Nous avons traversé des montagnes et des forêts, et nous avons visité des villages et des villes. Ces endroits étaient très excitants et magnifiques, mais je voulais toujours retourner là d'où nous venions. C'est notre seule maison.

Finalement, le 8 août 2021, nous avons traversé la rivière Yuanjiang en toute sécurité. La maison n'était plus très loin. Merci, nos amis humains, de nous avoir protégés pendant tout ce temps ! Je vous aime !

C'était un voyage extraordinaire. Nous sommes sortis des forêts pour voir le monde et permettre à tous les habitants du monde de nous voir. Nous vivons sur la même planète que nos voisins humains, et nous allons écrire une histoire sur nous tous ensemble. Je crois que ce sera une longue et belle histoire.

À propos de l'auteur

Sunshine Orange Group est composé de professionnels de l'écriture, du dessin, de l'édition et de la composition. Au fil des ans, il a conçu d'excellentes publications telles que *Grandpa Rattan Chair Telling the Ethnic Stories of Yunnan (Grand-père raconte les histoires du Yunnan)* et *Picture Book of Classical Stories of Yunnan Ethnic Minorities (Albums illustrés des histoires classiques des groupes ethniques du Yunnan)*.

À propos de l'illustrateur

Zhou Daling est diplômé de l'Université normale du Yunnan, il est spécialisé en design artistique et travaille pour une société de design réputée à Shenzhen. Ses conceptions d'emballages commerciaux ont remporté de nombreux prix nationaux. Ses illustrations d'albums illustrés, de styles variés, figurent dans de nombreuses publications.

Le voyage de la famille Courte trompe

Sunshine Orange Studio
Illustré par Zhou Daling
Traduit par Agnès Belotel-Grenié

Première édition française 2023
Par le groupe Royal Collins Publishing Group Inc.
BKM Royalcollins Publishers Private Limited
www.royalcollins.com

Original Edition © Yunnan Education Publishing House Co., Ltd.
All rights reserved.

Copyright © Royal Collins Publishing Group Inc.
Groupe Publication Royal Collins Inc.
BKM Royalcollins Publishers Private Limited

Siège social : 550-555 boul. René-Lévesque O Montréal (Québec) H2Z1B1 Canada
Bureau indien : 805 Hemkunt House, 8th Floor, Rajendra Place, New Delhi 110 008

ISBN : 978-1-4878-1188-4